U0640965

名人传

李白

欲上青天揽明月

杨子仪 著　　夏燕靖 许东新 武雪峰 绘

人民文学出版社
PEOPLE'S LITERATURE PUBLISHING HOUSE

著作权合同登记号　图字 01－2023－1736

© 三民书局股份有限公司
本著作中文简体字版由三民书局股份有限公司授权上海九久读书人文化实业有限公司
与人民文学出版社在中国大陆(台湾、香港、澳门地区除外)独家出版。

图书在版编目(CIP)数据

李白：欲上青天揽明月/杨子仪著；夏燕靖，许
东新，武雪峰绘. —北京：人民文学出版社，2019(2024.11 重印)
(名人传)
ISBN 978-7-02-015125-7

Ⅰ．①李…　Ⅱ．①杨…②夏…③许…④武…　Ⅲ．
①李白(701-762)-传记　Ⅳ．①K825.6

中国版本图书馆 CIP 数据核字(2019)第 053341 号

责任编辑　李　娜　吕昱雯
装帧设计　汪佳诗

出版发行　人民文学出版社
社　　址　北京市朝内大街 166 号
邮政编码　100705

印　　制　山东新华印务有限公司
经　　销　全国新华书店等

字　　数　50 千字
开　　本　890 毫米×1240 毫米　1/32
印　　张　3.625
版　　次　2019 年 7 月北京第 1 版
印　　次　2024 年 11 月第 3 次印刷

书　　号　978-7-02-015125-7
定　　价　35.00 元

如有印装质量问题，请与本社图书销售中心调换。电话：010－65233595

序

不论世界如何演变，科技如何发达，但凡养成了阅读习惯，这将是一生中享用不尽的财富。

三民书局的刘振强董事长，想必也是一位深信读书是人生最大财富的人，在读书人数往下滑落的多元化时代，他仍然坚信读书的重要性。刘董事长也时常感念，在他困苦贫穷的青少年时期，是书使他坚强向上；在社会普遍困苦、生活简陋的年代，也是书成了他最好的良伴。他希望在他的有生之年，分享这份资产，让其他读者可以充分使用。

"名人传"系列规划出版有关文学、艺术、人文、政治与科学等各行各业有贡献的人物故事，邀请各领域专业的学者、作家同心协力编写，费时多年，分梯次出版。在越来越多元化的世界中，每个人都有各自的才华与潜力，每个朝代也都有其可歌可泣的故事，但是在故事背后所具有的一个共同点，就是每个传记主人公在困苦中不屈不挠的经历，这些经历经由各位作者用心查阅有关资料，再三推敲求证，再以文学之笔，写出了有趣而感人的故事。

西谚有云：世界因有各式各样不同的人，才更加多彩多姿。这套书就是以"人"的故事为主旨，不刻意美化主人公，以他们的生活经历为主轴，深入描写他们成长的环境、家庭教育与童年生活，深入探索是什么因素造成了他们的与众不同，是什么力量驱动了他们锲而不舍地前行。以日常生活中的小故事来描写出这些人为什么能使梦想成真，尤其在阅读这些作品时，能于心领神会中得到灵感。

和一般从外文翻译出来的伟人传记所不同的是，此套书的特色是由熟悉文学的作者用心收集资料，将知识融入有趣的故事，并以文学之笔，深入浅出写出适合大多数人阅读的人物传记。在探讨每位人物的内在心理因素之余，也希望读者从阅读中激励出个人内在的潜力和梦想。我相信每个人都会发呆做梦，当你发呆和做梦的同时，书是你最私密的好友。在阅读中，没有批判和讥讽，却可随书中的主人公海阔天空一起遨游，或狂想或计划，而成为心灵

知交。不仅留下从阅读中得到的神交良伴（一个回忆），如果能家人共读，读后一起讨论，绵绵相传，留下共同回忆，何尝不是一派幸福的场景！

　　谨以此套"名人传"丛书送给所有爱读书的人。你们都是世界上最幸福的人，因为一直有书为伴，与爱同行。

目 录

名人传

李 白

701—762

1. 英才出少年

剑气侠情

树林里，一道黑色的箭影飕地飞来，唰唰唰，旁边窜出好几个横眉竖目的汉子，手中宝剑舞成一团团冷光，围攻中间的一个青年。青年白色的衣袂轻轻飘扬，手中也是一柄宝剑，意态自如地应付着。

青年的剑术非常好，在慌乱的敌手间如入无人之境，在围攻之下依是一派从容。他动作极快：灵巧地躲开一个大胡子凌空砍来的剑，反手一推，大胡子踉跄后退；一回头又架住一个瘦子的剑，右腿扫向另一个人，长剑一送，只听瘦子闷哼一声，显然已经受伤；一个胡人装束的人急急上前想击退青年，却被青年回身一连串复杂多变的剑法压得不断后退……

"走！"大胡子一看情形不对，吆喝一声，一行人转头窜入路旁的树林中，一下子就不见了。

青年蹲下身，用地上散落的枝叶将宝剑上的血污擦干净，剑光反射到青年脸上。那是一张清俊异常的脸，明亮的双眼透出一股英气，额头高而宽，鼻梁挺直，嘴角带着若有似无的笑意。昂扬的姿态有胡人豪气干云的风采，而他优雅的气质却又流露出汉家文士的温文儒雅，远在王孙公子之上。

这青年就是李白。他性格豪迈，富有正义感，喜欢行侠仗义，结交豪杰之士。唐代社会对这类济弱扶倾的游侠人物颇为敬重，李白与豪侠的交往，一方面是他的任侠性格使然，一方面也是为自己树立声誉。

仙风道骨

离开成都城，李白决心找个地方隐居读书，远离江湖上的恩恩怨怨。

年轻的李白，并不仅仅满足于当一个出类拔萃的侠客，他真正想成为的是一个能安定国家社稷的良臣。

唐朝的科举取士以进士、明经二科为主，其中又以考诗赋文章的进士科较受人敬重。李白对自己的才华一向很有信心，从小他就比一般的孩子聪明颖悟，五岁就能理解困难的六甲①，十岁便读遍诗书，那些读书作文章的事，别人都觉得辛苦，可是他只要看一下眼前的书，就可以很轻松地把它记下来；别人写文章总是苦苦思索，但是他就可以又快又好地写出老师都觉得了不起的诗文。长大之后，他的诗文更加不凡，年纪轻轻便获得众人的注目，因此李白想用自己的文采吸引朝廷官员的注意，获得受重用的机会。

　　到成都之前，他听说苏颋大人上任益州长史，便特地等在途中，选了几篇得意之作，向苏颋毛遂自荐。苏颋说："公子少年俊才，文章的确不同凡响，虽然说功力仍未到炉火纯青，可是已经可以看出是栋梁之材。若能努力不懈地广泛学习，假以时日，将会成为和司马相如一样震古耀今的雄才！"

---

① 六甲：属于道教术数一类的书籍。四川是道教的发源地，在这样的环境中成长，奠定了李白日后神仙道教信仰的基础。

李白心想："苏大人的意思，就是我现在还是个火候未到的半吊子……一个读书人不能成就事业，不能造福万民，又有什么面目面对祖先呢？"李白越想越沉重，猛灌了好几口酒，月光洒在李白清癯的脸上，他闭上了眼睛。

黑夜像猫一般蹑手蹑脚溜走，当第一道曙光射入他的眼中时，李白被一阵铺天盖地的鸟鸣声吵醒，鸟鸣声由远而近，像是一道海浪由遥远的那头涌来，画眉、杜鹃、鹧鸪、黄莺……以及许许多多少见的珍奇禽鸟的鸣声，冲击他的鼓膜。鸟鸣声中隐隐传来马蹄声以及人的呼啸，声音越来越近。

骑马者出现了，李白远远就看见他飘飘的青色衣摆，是一位仙风道骨的长者。长者撮口呼啸，群鸟应和着一路跟随他向前飞，李白惊奇极了。长者也看见他了，勒住马缰，马受惊嘶嘶大叫，把周围的鸟群吓得四处飞散。

李白心想，这个老人能指挥禽鸟，应该是位身怀奇技的高人，于是稍稍整理衣冠，躬身一揖："晚生李太白见过前辈，敢问前辈高姓大名？"

长者眼睛一亮："李太白？你就是那个喜欢神仙道术、爱写诗、爱喝酒、爱舞剑的诗人吗？"

"晚辈不才。"李白谦虚地说。

长者捻须而笑："呵呵，常听人说李太白卓尔不群，又是练剑，又是写诗，又是学道，连我那些在峨眉山修行的老友们一谈起你也是眉开眼笑，个个都说你好。"

一提到峨眉山，李白想起来了，前些年他为了求仙学道，在峨眉山待过一段时间，和僧侣、道士们相处得十分愉快，他很快地把长者和那些山林旧友联想起来："原来前辈和他们是老朋友！"

长者眉毛一挑，正色说道："我东岩子一生钻研道术，只叹当今世上喜爱炼丹修道者不知有多少，真正能体会其中奥妙者却寥寥可数。依我看来，你不但有心学道，难得的是资质甚高，既然有缘相逢，不妨随我而去，让我点拨你一二。"

李白一听大喜过望，眼前这位长者居然是他仰慕已久的东岩子，而且还主动表示要收他为徒！他马上跪在地上向老人拜了三拜："多谢师父！"东岩子命李白起身，李白愉快地为东岩子牵起马缰，慢慢往前走。

"师父，听人说您四海为家，多少人仰慕您的智慧与神算，不过不是无缘一见，就是不得其门而入。"

"我认为任何事情如果有意强求，就失去自然道妙了！"东岩子皱皱眉，神色威严地说，"最好的事情往往是无意间促成。比方说你我二人，要不是我刚好遇见你，就算人家再称赞你，我也不可能翻遍整个四川把你找出来；要不是我觉得孺子可教，你跪三天三夜我也不会理你。"

李白默默咀嚼东岩子所说的话，东岩子则高声呼啸唤来众多禽鸟，师徒二人慢慢往山林高处走去。

一路前行，只见壮丽苍翠的山峰直入云霄，陡峭的山壁与地平线成九十度，步入深山，李白闻到云的气味、雾的气味，冰凉绵密的空气吸附在他的口鼻、喉咙、肺腑。

"岷山。"东岩子手指前方的高山，对李白说着。李白看清楚了，和峨眉紧紧相偎的秀丽山峦，正是充满种种神奇传说的道教发源地，他感动得叹了口气。

岷山的隐居岁月真是愉快，李白与师兄吴指南一同跟随东岩子学道。李白从小爱看道教的书籍，在东岩子的指导下，他真正领会了其中真意。自然道妙带给他的心灵极大的安宁，他的剑术更精进了，诗也写得更好。李白尤其喜欢清晨时群鸟啁啾飞舞在他四周的感觉，他想起第一次见到东岩子时，群鸟齐飞的盛况，当时他很好奇东岩子是怎么办到的，后来才明白那些禽鸟把东岩子当成朋友，因为东岩子老爱喂它们东西吃。后来他也学着和它们做朋友，为受伤的鸟包扎，把失去父母的雏鸟喂大。鸟儿渐渐和他亲密起来，不管他读书、练剑、弹琴、砍柴、吃饭……总黏着他不走。

　　不久之后，有人告诉太守，东岩子与李白能说鸟语，还会驱使禽鸟。"真是这样就太有趣了……"太守觉得他们必定是得道高人，亲自登门造访。

　　"闲杂人等，败我清兴！"东岩子很不高兴，他随便收拾些细软，再度云游四方去了。

　　"我们也离开吧。"吴指南提议，李白拍手赞成。带着宝剑、书、文房四宝与这段日子写就的诗稿，李白雇了

船，与吴指南相偕离开四川。

大鹏振翼

李白与吴指南一路行来，饱览山光水色，两人谈天说地，十分开心。"北冥有鱼，其名为鲲。鲲之大，不知其几千里也。化而为鸟，其名为鹏。鹏之背，不知其几千里也；怒而飞，其翼若垂天之云。"李白一面击打酒壶，一面轻轻吟诵着。

"什么鱼？什么鸟？你在念什么？"吴指南好奇地问。

"这是庄子书中的故事，他说北方大海中有一种很大的鱼，叫作鲲，有一天，这只鱼变成一只很大的鹏鸟，这只鹏鸟双翅张开，有几千里那么长，它奋起而飞的时候，翅膀就像天上的云朵。"李白解释。

"这只鹏鸟很了不起吗？"吴指南很疑惑。李白闭起眼睛说："是的，它非常巨大，比任何禽鸟都巨大；它飞的时候，整个天空都是它独占的王国。它是一只非常自由、非常独特的鸟。"

李白正说着，忽然听到别的旅客兴冲冲地谈论着：

"刚刚在渡头听到人家说，道教大师司马承祯①路过这里，在城外的道观留宿呢。"李白一听高兴极了，对吴指南说："司马先生名满天下，连当今皇上都曾诏他入宫呢！我们既然求仙学道，怎么能不试着求见他呢？"两人连忙置办一些简单礼品，登门求见。

司马承祯七十多岁了，白发皤皤，须髯飘飘，一双眼睛却明亮有神，散发着智慧的光芒。他命道童给李白和吴指南端上茶水，询问两人的经历以及来意。他听完李白对老庄精义的见解，暗自惊喜，故意考他："你说说看'无为'的意思。"李白恭敬地说："道家讲究无为，不过就是要人顺天地自然行事，不以后天人为违逆自然运行。人硬要去'为'，去干预某件事情，难免会有所偏执；若是无'为'，顺应自然之情，反而面面俱到。譬如为官者，应该顺应民情，让人民顺四季春耕秋收，不要以赋税徭役压榨

---

① 司马承祯：字子微，是唐代著名道士。他出身官宦世家，但是对做官毫无兴趣。他二十一岁出家当道士，向潘师正学习符箓与炼丹。他遍游天下名山，最后隐居在天台山玉霄峰，自号白云子。连皇帝都仰慕他的仙风道骨，武则天、睿宗、玄宗都曾经召他入京。遇见李白时，他已经七十多岁了。

百姓，国家自然安乐。"

司马承祯听得连连点头，李白又把自己的诗作拿给司马承祯看，司马承祯边读边赞美："文如其人，好一位仙风道骨的奇士！我真愿与你共同翱翔在宇宙八荒尽头。"李白听了十分高兴，便问："依大师之见，晚生日后应如何修行才是？"

司马承祯沉吟片刻，说："虽然你有意隐居修行，资质又好，但是我读你的诗文，隐隐感受到一股积极进取的气势，想来你仍对人间事不能忘情。与其年纪轻轻就归隐山林，不如先闯荡出一片成就，文治也好，武功也罢，功成之后，再来天台山随我学道也不迟。"李白一听，如醍醐灌顶，欣然下拜。随后吴指南也向司马承祯请教了许多问题，直到天色已晚，李白与吴指南才依依不舍地离去。

李白满脑子都在回想与司马承祯充满智慧的对谈，他思考着该如何把这次见面的感动记下来。如果说，他自己就像庄子故事中提到的大鹏鸟，那么司马承祯当然也是神奇而巨大的神鸟了！他忽然想到希有鸟的故事，神话中，

这种鸟一张开翅膀就覆盖整个世界。他心念一动,手中的毛笔写得飞快:

南华老仙发天机于漆园,吐峥嵘之高论,开浩荡之奇言,征志怪于齐谐,谈北溟之有鱼,吾不知其几千里。其名曰鲲,化成大鹏,质凝胚浑。……俄而希有鸟见之曰:"伟哉鹏乎,此之乐也。吾右翼掩乎西极,左翼蔽乎东荒,跨蹑地络,周旋天纲。以恍惚为巢,以虚无为场。我呼尔游,尔同我翔。"于是大鹏许之,欣然相随。此二禽已登于寥廓,而斥鷃之辈空见笑于藩篱。

李白这篇作品是用"赋"的形式写成的。一开始,他借用庄子的神话,讲大鹏的巨大。接着,他用许多壮丽的描述赞扬大鹏飞行的气势,并用其他庸庸碌碌的鸟衬托出大鹏是何等自由、何等不凡。最后他写了希有鸟邀大鹏一起飞翔,两只鸟以恍惚虚无的道家境界为生活的空间,逍遥地在天地间翱翔。

"师弟，这不是你讲过的庄子故事吗？只是变长了，多了很多形容大鹏的句子。"吴指南听李白朗诵文章，忍不住问。

李白灌下一大口酒，觉得胸口饱涨着满满的志气与情感："是的，我多么想像大鹏一样，飞上九万里的高空！大鹏是我，司马承祯前辈则是希有鸟，我俩一见如故，这是多么令人兴奋的事啊！"吴指南本来就因为见过司马承祯而兴奋得难以入眠，听到李白的文章后，披衣而起，与李白继续讨论道术。

次日他们继续东行，李白一路搜集许多民间歌曲，融入自己的创作之中。他们乘船顺着长江而下，长江流域有许多湖泊，洞庭湖是其中非常有名的一个，不仅景色优美，还充满许多传说，是李白向往已久的地方。例如洞庭湖附近有湘妃墓，民间流传湘妃为了舜的死亡，眼睛都哭出血来，洒在竹子上，变成有着美丽斑点的湘妃竹。洞庭湖附近还有屈原祠，当地居民有感于爱国诗人屈原被国君放逐，投江自尽的历史故事，祠中终年香火不绝。

船到洞庭湖，他们深深为眼前烟波渺渺、水色如碧的秀丽景象所震慑。夜里，皎洁的月光倒映在湖面上，闪烁银白色的光芒。吴指南和李白喝酒，两个人兴高采烈地讨论白天的所见所闻，又辩论起书上读到的道教真理，越说越兴奋，吴指南还手舞足蹈起来。月亮的影子投在湖面上，就好像天上地上同时有两个月亮在发光。"水里也有月亮呢！"李白指着湖面开心地说。那一夜，他们都玩得愉快极了，一直饮酒下棋直到深夜。

可是后来吴指南病了，病得不轻，虽然李白非常细心地照顾他，为他请了医生，又细心喂他汤药，但是他的病情却一日比一日加重。李白握住他枯瘦的手，难过得说不出话来。

湖水还是一样平静，但是李白再也没有心情去欣赏湖上的月光，只觉得夜里的湖水好深好黑，他的心也跟着往下沉、往下沉，沉入无穷无尽的黑暗。最后，吴指南还是敌不过病魔而撒手人寰。李白十分悲伤，趴在吴指南身上痛哭流涕，如同失去亲人一般，直到眼泪流干。路过的人听到哭声，也觉得难过，船家也不禁叹息："公子对朋友如此有情有义，他若有知，死亦无憾啊！"

鸾凤和鸣

李白受朋友引荐，来到相国许圉师的家中。这时的李白二十六七岁，戴着高冠，双目炯炯有神，浑身散发出一股英气。许圉师一见李白，就被他的诗人神采与豪侠气概所吸引，他热情地接待李白到大厅说话，一边暗暗观察他。

李白侃侃而谈，谈自己经世济民的政治理想，以及荣显父母的心愿。许圉师问了他许多问题，又细读几篇他的文章，对李白非常欣赏，心想到许家登门造访的贵胄公子之中，竟没有一个比得上李白的。他忍不住对李白提起想招他为婿的想法。

李白愣了一愣，正不知该怎么回答，许圉师已命人摆下酒席，邀李白留下来吃饭，并催丫鬟去请许小姐来见客人。李白难辞盛情，于是一面和许圉师谈话，一面静待许小姐出来。

一阵香气袭来，李白一抬头，只见一个纤细优雅的女

子慢慢走来，她的容貌像白芙蓉一样清丽绝俗，李白觉得室内像开了朵鲜花一样。许小姐的眼睛绽放出小鹿般天真无邪的光芒："我以前读您的诗，觉得优美动人。"

李白微笑着说："优美动人不敢当啊。"

许圉师听了笑着说："李公子太谦虚了。"

不久之后，一场盛大的婚礼在许家热热闹闹地举行。

新婚的日子特别甜蜜，连太阳与月亮的脚步都慢了起来。白天，李白与朋友喝酒作诗，夫人则亲自下厨烧菜招待客人。夫人忙累了，就在窗前看书。夜晚，李白读书写字，夫人替他把墨磨浓，把纸铺平。李白的诗写好了，夫人一张一张接过去看，偶尔提出一点意见："这一句'不信妾肠断，归来看取明镜前'，我记得武后也有一句类似的，'不信比来常下泪，开箱验取石榴裙'，似乎更婉转呢。"新夫人说的是《长相思》，这是李白以第一人称创作的一首闺怨作品。

夫人为李白生下两个孩子，男孩取名叫伯禽，女孩取名叫平阳。伯禽聪明极了，一双灵活的眼睛又大又亮，像是八月十五中秋节晚上的月亮，李白为他取了个胡名"明

月奴"。平阳是个爱撒娇的小女娃，小嘴巴甜得像蜜，老逗得李白眉开眼笑。他亲自教他们读书识字，做竹马、草编蚱蜢、木头娃娃给他们玩。

除了和家人相处之外，李白也喜欢和朋友一块儿喝酒吟诗，其中，孟浩然是李白十分欣赏的一位诗人。孟浩然年少时也曾隐居山林，常和李白谈论隐居山林的乐趣。他一心想求取功名，然而却屡屡失败，每次喝醉，总要拉着李白互吐苦水。

"我错就错在作了一句糟糕的诗：'不才明主弃'。"孟浩然醉醺醺地说，"唉，本来是想谦虚一点，说自己没才华所以君王不用我，谁知道皇上居然生气了！他说是我自己不去求官，他可没有嫌弃我，说我为什么要这样诋毁他。"

李白摇头叹气："唉，我正好相反。这些年我苦心充实自己，就是希望有一天能一展抱负。"

孟浩然拍拍李白的肩膀说："您无论学识文章都是人中龙凤，有朝一日，一定能成为国家栋梁。"

"您是'迷花不事君'，清高风雅不入仕途，我才真正是'不才明主弃'呢！"李白摇头说。

孟浩然安慰他："我相信只是时机未到而已。您不妨到终南山一带走走，一方面那里接近长安，可以拜会达官名士，另一方面可以读书修行，为自己树立名声。"

李白听了，心中波涛汹涌。在家的日子虽然快乐，但是他还有远大的志向与目标必须实行。

开元十八年（730年），李白三十岁。他告别了妻儿，向终南山出发，妻子流泪送行。李白想起自己的乐府诗《长干行》。这首诗是描述一对青梅竹马的爱侣从幼年相恋到成婚的情景，当丈夫不得不远行时，妻子既担心丈夫在外的安危，又伤心丈夫不在身旁。看着蝴蝶成双成对，她好羡慕！盼望着丈夫赶快归来，她会不怕路途遥远地去迎接，一直走到七八百里外的长风沙。李白心想，他毕竟也像诗中"十六君远行，瞿塘滟滪堆"那样，离家求取功名事业了。将来，娇妻也会像诗句中说的"感此伤妾心，坐愁红颜老"，因为思念远行的丈夫而悲伤憔悴吗？她会像诗句中"相迎不道远，直至长风沙"那样，殷切地去迎接风尘仆仆的丈夫吗？

终南捷径

终南山就在大唐首都长安城西南方，林木蓊郁，环境清幽，和繁华热闹的长安城形成强烈对比。长安城里的人们是忙碌的、喧闹的，纵情于声色犬马，汲汲营营于金钱与权势；终南山上的人们则是悠闲的、安静的，潜心读书作文，修道炼丹。说起来很矛盾，许多达官贵族一方面享受着长安城的奢侈富裕，一方面却又羡慕、崇拜着终南山上的隐士高人，千方百计想求他们下山做官。

在终南山，李白四处交游，认识了许多隐居终南山的文人雅士。李白最常和几个同样喜好修道的隐士一同喝酒、吟诗。

"太白，你是东岩子的弟子，还见过司马承祯，给我们讲讲这两位大师的事吧！"一个道士兴致勃勃地提议。

"欸，前几天大家才辩论过修道到底应该炼丹药还是练精气神，今天我想听太白谈谈诗。"说话的是一个举止优雅的青衣人。

"我说太白一定觉得诗要自然清新，像兄台那样苦心雕琢是不行的，哈哈哈！"一个满头乱发的书生大笑。

李白呵呵笑着："从前王右军说'人各有体'，说每个人有每个人不同的书法风格，诗也是如此。我爱自然清新，不代表苦心雕琢不好啊！大概是个性吧！我喜爱古诗胜过绝句，并不是说绝句不好，只是我更适合写古诗的形式。诗句是越自然越好，最好能活泼灵动，自由不羁！"乱发书生点点头，故意斜睨发问的青衣人，青衣人又好气又好笑地捶他一把："小老弟，一天不借太白的口损我几句，你就一天不舒服！"道士笑劝："哈哈！别吵了，你们今天不是才赶走几个劝你们下山做官的人吗？快说给太白听。"

书生听了很开心，拉着李白说："太白，我听说啊，那个卢藏用跑去做官啦！"

卢藏用？李白努力回想，好像听过卢藏用这个名字，他似乎在终南山隐居过。

青衣人也抢着说："这个人真是心口不一，明明想做官，却装模作样来我们终南山隐居。听说他有一次跟你的忘年之交司马承祯相遇，结果司马承祯对他说：'你说终南山有多好，依我看，不就是做官的捷径嘛！'结果他一张脸涨得通红！"

"难怪有人说，我们这儿叫'终南捷径'——由平民而飞黄腾达的捷径！"书生摇摇头说。

李白觉得有些尴尬，虽然说他跟那些沽名钓誉的人不太一样，他是真心喜欢自由自在的隐逸生活，不像那些人根本不喜欢隐居，只是把隐居当手段而已。但是，他还是没有忘记自己的政治理想。前几个月，因为知道玉真公主喜欢神仙道术①，为了博得玉真公主赏识，李白还特别以奇幻浪漫的笔法写下《玉真仙人词》，连同一封请公主帮忙引荐的书信，托人送到公主修道的道观。

"不过太白可不一样，太白是真正的隐士、真正的人才！"书生似乎看穿他的心思，体贴地说。

青衣人也举起杯子："我们都祝福你早日达成理想，帮助天下百姓。敬太白！"

"敬太白！"其他人也举杯。

——————

① 唐朝是一个道教盛行的时代，全国道观林立，当时的著名道士如王远知、司马承祯等都受到皇帝礼遇。玄宗自己也信奉道教，在宫中设坛炼丹；玄宗的两个妹妹玉真公主、西宁公主，以及权贵李林甫的女儿李腾空，也都以贵族的身份出家为道士。

过了不久，玉真公主的回信到了。她亲自写了一封信，派了雅致的车马轿子，邀请李白到她的别馆玩。李白在一群好友的祝福声中，满怀着希望前往别馆。

玉真公主一见到李白，就和他谈起神仙道术以及诗文，笑着说："您在诗中把我比成神仙，还用了那么多仙禽神兽来陪衬，我真是愧不敢当。"李白一笑："公主生在帝王之家，仍然有仙根慧骨，知道修道的好处，十分难得呢。"

李白在别馆苦苦等候，整日翘首盼望实现理想的机会，一连几天暴雨，等待的日子似乎特别漫长，就连雨后葱茏的草木也无法打动他的心。

李白隐隐感到事情不妙，整颗心都凉了下来。

三十二岁这一年，李白离开长安，回到家中。看到李白回来，夫人非常高兴，精心烹调了许多可口的菜肴为李白接风洗尘，孩子也长大了，摇摇摆摆地跟在奶妈后面，害羞地瞅着李白直笑。

"叫爹呀。"夫人催促着，可是孩子害羞，低着头不敢叫人，李白怜惜地摸摸他们柔软的头发。

李白一面修习昔日功夫，一面与道士元丹丘、元演谈论道术，不亦乐乎，他们三人常常谈论道术直到深夜。

李白还与元丹丘到随州拜访道士胡紫阳。胡紫阳是道教的大师，九岁出家，二十岁修炼内丹有成，李白想向他讨教的，就是炼丹这门学问。对李白来说，这是一次意义重大的聚会，他不仅能与元丹丘、元演等志同道合的道友相互切磋，而且还从胡紫阳那儿学到很多道教真理。

"能亲见胡紫阳，是人生一大盛事啊！"元丹丘感叹着，"世人总感叹人生短暂，很少有人明白炼丹修道正是养生长寿之法，就算知道也沉浸在争名逐利之中，这样又有何趣味？"

"呵呵，我说人生之趣除了修道炼丹之外，还有一样东西可喜，那就是——酒！"李白说着，一面将酒递给元丹丘，一面高声念着他著名的《将进酒》：

　　君不见黄河之水天上来，

　　奔流到海不复回；

　　君不见高堂明镜悲白发，

朝如青丝暮成雪。
人生得意须尽欢，
莫使金樽空对月。
天生我材必有用，
千金散尽还复来。
烹羊宰牛且为乐，
会须一饮三百杯。
岑夫子，丹丘生，
将进酒，君莫停。
与君歌一曲，
请君为我侧耳听。
钟鼓馔玉不足贵，
但愿长醉不复醒。
古来圣贤皆寂寞，
惟有饮者留其名。
陈王昔时宴平乐，
斗酒十千恣欢谑。
主人何为言少钱，

径须沽取对君酌。

五花马，千金裘，

呼儿将出换美酒，

与尔同销万古愁。

这首诗的大意是说，人生短暂，青春年华如滔滔流水，一去不回。面对苦短的人生，与其珍视那些生不带来、死不带去的金银珠宝，倒不如珍惜眼前的一杯美酒，尽情享受人生的欢乐。

"好一个'天生我材必有用'！"元丹丘赞美着，"像太白这样的人才，相信终有崭露头角的一日！"

李白微笑谦让了几句，内心波涛汹涌，尽管他对功名富贵看得潇洒，却难以忘怀安定社稷的理想。

拜别修道的老师与好友之后，李白来到襄阳，拜见荆州长史韩朝宗。韩朝宗以礼贤下士闻名天下，当时的文人豪士都说："生不用万户侯，但愿一识韩荆州。"李白写下了《与韩荆州书》，信中说："我十五岁剑术精湛，三十岁文章斐然，虽然身高不满七尺，但是雄心勃勃，胜过千万人……每每看到您所提拔的贤人，怀抱对您的感恩，为国尽忠尽孝，这是因为您对他们推心置腹的缘故，晚辈希望成为您的国士，危急的时候，为您出生入死……"李白的信写得文情并茂。除了韩朝宗之外，李白又积极向几位朝中官员毛遂自荐，期待能遇见知人善任的伯乐。

李白的努力终于有了回报。一位曾经一起修道的旧友受诏面见皇帝，向玄宗大力推荐李白。玄宗原本就听说过李白的诗名，加上玉真公主与几位朝中官员在一旁推波助澜，于是他下了诏书，命李白入宫。

2. 妙笔惊皇城

天上谪仙

天宝元年（742年）秋天，李白来到长安。在办妥繁杂的文书手续之后，官员告诉李白必须等候数日，待皇上下诏再入宫。等待的日子里，李白愉快地在长安城中游历，欣赏京城的风光。

长安城真大！整齐如棋盘格线的街道上，是来来往往的商旅，到处都可以看见高额头大眼睛的胡人，还有穿着胡人衣服的汉人。街上有人在卖胡饼，热乎乎的还撒了芝麻；晶莹的紫色葡萄、翠绿的哈密瓜，一看就知道是从胡地送来的。大家似乎挺喜欢胡人的歌曲，酒肆里传来愉快的歌声；眉眼妩媚的胡姬在其中跳舞助兴，怀里反抱着一把金色琵琶，动作轻柔曼妙；两边还有几个乐工演奏横笛、拍板、琵琶、古琴等各种乐器，为中间的舞伎伴奏助兴。

在唐代，长安有很多外国人。政府不但让他们通商贸易，更允许他们参政做官。在这样的背景下，胡汉文化相互交融：外国的音乐、舞蹈、游戏在长安长期流行；唐人大规模穿戴外国服饰；外国食物在长安比比皆是，东市和长兴坊还有专门的胡食店……外国的文化成为当时社会的流行风气。唐朝社会包容力很强，唐太宗宣布各个民族在他心中一律平等，都是他的子女。这种"四海一家"的思想打破了传统"华夷分界"的民族偏见，也为整个社会注入源源不绝的生命力，这正是唐朝强盛的原因之一。

好酒的李白进了一家酒肆，叫了好几种胡酒：波斯的龙膏酒，高昌的葡萄酒……一个有着美丽眼睛的胡姬边跳舞边为他把酒端来。整个城市，萦绕着异国风情。

正喝着酒，忽然听到旁边的酒客一阵鼓噪，只见刚才跳舞的胡姬纷纷退下，一个妙龄女郎抱着一把颜色斑斓的古琴走到台前，向众人微微一笑，接着十指轻快地拨弄琴弦，唱起歌来：

扬清歌，发皓齿，

北方佳人东邻子。

且吟白纻停绿水，

长袖拂面为君起。

女郎唱的正是李白年轻时作的诗《白纻辞》，诗中赞美一位美女的歌声是如何好听，舞姿是如何动人。女郎歌声甜美动人，一曲唱完，酒客都鼓掌叫好。

女郎下了台，径自抱着琴周旋在酒客之间，到了李白桌前，她盈盈下拜："李公子，小女子方才献丑了。"李白哈哈大笑："姑娘歌声美妙，倾倒众生，怕是我的诗献丑了呢！"

"怎么会呢！"女郎张大水汪汪的眼睛问道。

"哈哈，这首诗其实仿照了南朝诗人鲍照的诗句'珠唇动，素袖举'。我写《白纻辞》时太年轻了，作品不够成熟。"

女郎看着李白好一会儿，叹口气："李公子，实不相

瞒，小女子今天早就看到您在这里，才故意唱您的诗的，想不到您不喜欢这一首。公子，听说您去晋见宰相，在一块板子上题字，自称是'海上钓鳌客'。宰相见了奇怪，便问：'海上钓巨鳌，要用什么来做钩线呢?'结果您回答：'巨鳌纵逸其情志于天地风浪中，而我便以虹霓为线、明月为钩来钓它。'宰相又问：'那要用什么东西来当饵食呢?'您说：'用的是天下无义的人来作饵食。'宰相听了又惊又怒，到现在还记恨着呢！"

李白微微一笑："宰相当日脸色十分难看，许多人私下都劝我小心项上人头呢。"

女郎歪着头想了想，拍手笑道："还有，我到李邕大人家唱歌时，听见他们在谈您的诗，大鹏什么的。"说着说着就念了起来：

大鹏一日同风起，

抟摇直上九万里。

假令风歇时下来，

犹能簸却沧溟水。

世人见我恒殊调，

闻余大言皆冷笑。

宣父犹能畏后生，

丈夫未可轻年少。

李白长叹："大鹏一日同风起！我多希望自己就是那大鹏！从年少时我便以大鹏自比，期许自己可以一鸣惊人！李邕大人爱惜贤才，如果能得到他的赏识与提拔，那么我当真就像大鹏鸟遇上旋风一样，乘势而起，一飞冲天！所以我才去求见李大人，希望获得他的提拔，也请他不要看轻后生晚辈。"

"现在您真的是大鹏了，我听好些客人在谈，说皇帝等着要见您呢！"

李白付了酒钱，动身前往道教的圣殿紫极宫。

在紫极宫里，李白正瞻仰着殿中神像，忽然注意到一位须发皆白的老者，老者目不转睛地注视着李白，目光炯炯有神。李白上前行礼，两人相互寒暄之后，老者问起李白的姓名，李白拱手答道："晚辈李白。"

"原来你就是李白！老夫等你许久了！"老者欣喜地说。

"敢问前辈尊姓大名？"李白问。

"呵呵，老夫便是人称'四明狂客'的贺知章！"

贺知章是当朝三品大官，也是位有名的诗人，跟李白一样喜欢喝酒。两人一见如故，一起坐在阳光和煦的窗边，空气中飘着淡淡的墨香，贺知章展开手中的诗卷，轻轻吟诵李白的《乌栖曲》：

姑苏台上乌栖时，

吴王宫里醉西施。

吴歌楚舞欢未毕，

青山欲衔半边日。

银箭金壶漏水多，

起看秋月坠江波，

东方渐高奈乐何。

诗中将吴王不爱江山爱美人的醉生梦死、荒淫废政的场面和国破家亡的结局写得婉转深刻，贺知章的嘴角展露出惊喜的笑容。他用指节敲敲纸面："真是令人警醒！这首诗可以让鬼神都感动流泪了。"

李白谦虚地笑笑："晚生更喜爱的是《蜀道难》。"说着一面击打酒壶一面长声吟诵："噫吁嚱，危乎高哉！蜀道之难，难于上青天。蚕丛及鱼凫，开国何茫然。尔来四万八千岁，不与秦塞通人烟。……朝避猛虎，夕避长蛇。磨牙吮血，杀人如麻。锦城虽云乐，不如早还家。蜀道之难，难于上青天，侧身西望长咨嗟。"

这首诗写的是蜀道的崎岖难行，不仅路面颠簸险峻，一路上更是荒凉萧瑟，还有猛兽毒虫伺机危害旅人，贺知章听后惊奇极了。奇险的情境、奇险的用字、奇险的音韵，逐字念下来，真让人感觉到蜀道的奇险难行，仿佛自己正颠簸地走在高耸的悬崖边缘，强风吹得人摇摇晃晃，大老虎随时要从旁边窜出来。

"好诗！好诗！"贺知章一面听着，一面啧啧称奇："这不是凡人能写出的文字，你该是从天上贬谪下来的神仙啊！"

贺知章意犹未尽地把诗妥善收好，解下金龟佩饰交给

随从："拿去换几坛酒，跟店家说要最陈、最好的，就说我要邀谪仙喝一杯！"李白十分感动，贺知章完全不摆大官的架子，真心诚意与自己交友。人生能得一二知己，夫复何求！

回到客栈，李白陷入了沉思。"天上谪仙人"，贺知章这么夸他。是巧合吗？李白的出生充满传奇性，亲友都说他是太白金星托生的。"你真的是星星下凡变的吗？"小时候，他的小玩伴老爱问他。"我娘是这样相信的。她生我的时候，梦见明亮的太白金星滚入怀中。你看，就是那一颗！"幼年的李白把星星指给小玩伴看，小玩伴看看星星又看看李白，怀疑地说："它明明就还在天上，你怎么会是它变的？"

小时候，他和父母住在安西都护府碎叶城①，五岁以后，李白全家才搬到四川广汉，回到汉文化的怀抱。碎叶城的黄沙卷得有半天高，总有商旅在夜里吹奏令人断肠的

---

① 当时的碎叶城是丝路上的一个重要都市。汉人、胡人杂居在这里，它的经济文化都有相当发展。隋朝末年，李白的祖先因故流亡到碎叶城，隐姓埋名，直到李白的父亲这一代才在唐中宗神龙元年带着家族返回关内，并恢复李姓。

曲子，曲子里有着无限的思念与哀伤。那时的李白太小，一点都不懂商旅思念家乡的哀愁，只是觉得胡地很好玩：看，肥壮的马匹像旋风一样跑来跑去，武士灵活的大刀明晃晃的好吓人，百步穿杨的弓箭手"嗖"的一箭射中天上的大雁……他很喜欢往外跑，学胡人张弓射箭，模仿官兵练拳脚功夫。

父亲管教他非常严格，要他好好读汉人典籍，他却隔三差五跑出去玩；父亲怕他忘本不许他说胡语，他偏偏喜欢跟母亲用胡语说悄悄话；父亲气坏了要打他，他赶快背书给父亲听，他很聪明，背得又快又好，父亲无可奈何，只能放下棍子。

小小的李白很得意自己头脑这么好，后来有个很疼爱他的老婆婆告诉他：读书不可以靠小聪明，要下工夫才行哩！老婆婆还从针线盒里拿出一根针告诉他：只要肯下工夫，武士们耍的铁杵也可以磨成这么细的针，更何况是读书呢！当时的李白十分震惊：臂膀般粗的铁杵要磨成细细的针，是多么艰巨的工程！然而只要专心致志，就可以完成。读书求学问不也是一样吗？如果只是浅尝辄止，达成的成果自然微不足道，但是如果苦心向学，精诚专一，那么所达成的成就，自然不可限量。

于是李白下定决心，按捺住喜好玩乐的冲动，耐着性子乖乖读书，渐渐发觉书本真是有趣极了，丝毫不输给舞刀弄剑。他什么都读：道教六甲、儒家经典、各朝历史、百家诗文……多姿多彩的典籍给了局促在小城中的他一个超越时空的广阔世界。在书卷的天地里，他与好几个叱咤风云的英雄人物结为好友：苏秦、张仪、张良、鲁仲连、谢安、范蠡……他立志要成为这样的英雄豪杰："等我长大以后，我也要成为一个安社稷、平天下的伟大人物！"

李白感叹着，尽管遭遇了一次又一次的挫败，他毕竟是走过来了。他仍然相信自己的能力，不放弃经世济民的梦想，终于等到了成功的一天。天上的星星闪闪发光，李白满心期待着皇上的召见，美好的一切才要开始。

名动京师

李白在长安等了几天之后，玄宗终于召他入宫。走在侍卫与大臣之间的李白玉树临风，英气逼人，让其他人都黯淡了下来。尽管还离得很远，尽管隔着重重人墙，玄宗还是一眼就看到他。玄宗忘情地站起身，亲自走上前去迎接这一颗明亮的星星。众人都吃惊地张大嘴巴：皇帝以这样隆重的礼节接待一个诗人，这还是破天荒头一遭。大臣们不禁妒忌了起来。

玄宗把李白接到大殿，问他："爱卿喜好道术，朕日理万机，百事缠身，又该怎么求道？"李白微笑道："皇上为百姓辛劳，境界自然高过凡俗道士。修道是修心，皇上只要有一时半刻沉淀思绪，回到本真，就能修养心性，不必整日炼丹。"

玄宗听了很高兴，又问他："听说你除了会道术和写诗，还会舞剑，是真的吗？"李白微笑点头："天子面前不敢带剑，请皇上赐杨柳一枝，布衣李白以柳为剑，表演给皇上看。"

玄宗命人折来嫩杨柳枝，李白表演了一套平日常练的剑法，英姿勃勃，灵动神妙。玄宗鼓掌叫好，又问起李白一路上的经历，李白选了几件有趣的见闻说给玄宗听，李白的神采飘逸飞扬，说起话来口若悬河，玄宗越听越喜欢。

"爱卿真是神采不凡啊!"玄宗满意地说,"朕命你为翰林供奉,借你的神仙之笔,为朕辅佐民间教化。"

这天,沉香亭的牡丹开了,红色、紫色、粉色、白色,鲜艳浓丽的色彩交织在一起,宛如一个奇异美丽的梦境。玄宗开心极了,骑着爱马"照夜白",领着许多侍从,一行人浩浩荡荡的去赏花,而他最心爱的妃子杨玉环也乘坐步辇随侍在旁。沉香亭侧摆了酒筵,最会唱歌的乐工李龟年也来了,他手捧檀板,带领着精通乐曲的梨园弟子,准备为皇帝表演助兴。①

妃子为玄宗斟了一杯酒,玄宗双目含笑接了过来。妃子体贴地问:"皇上爱听些什么曲子?让他们演奏给皇上听。"玄宗非常喜欢音乐,他想了想说:"不要听老旧歌词。这样的良辰美景,花开得这么美,又有你陪在我身

---

① 唐玄宗酷爱音乐与舞蹈,他挑选出三百个顶尖乐工,亲自在梨园中教他们音乐,这些人就是梨园弟子,梨园就是玄宗开设的音乐学校。玄宗天赋极高,乐音稍稍有错,他一定能听出来并亲自指正;而玄宗每创作出新曲子,也马上交给梨园演奏。在玄宗的调教下,梨园成为一流的演出团体。

边，我们听些别致的新歌。"转头吩咐李龟年："拿着金花笺，宣翰林供奉李白即刻晋见。"

李白来了，气宇轩昂，风度翩翩，深深向玄宗一拜："皇上。"玄宗微笑："良辰美景当前，请学士以眼前佳景为题，作《清平调》乐词三章。"又命令太监："给学士磨墨！"

李白一手展开蚕茧纸，一手提起鼠须笔，沉思着写些什么好。牡丹花的影子倒映在水面上，水光粼粼，一片绚丽的光影。妃子的容貌清丽绝俗，与花朵交相辉映。玄宗深情地望着妃子，脸上堆着满满的幸福。李白的诗兴来了，他摇头晃脑地低吟了一会儿，提笔蘸饱墨汁，在纸上迅速写下一行行诗句：

云想衣裳花想容，

春风拂槛露华浓。

若非群玉山头见，

会向瑶台月下逢。

一枝红艳露凝香，

云雨巫山枉断肠。

借问汉宫谁得似？

可怜飞燕倚新妆。

名花倾国两相欢，

长得君王带笑看。

解释春风无限恨，

沉香亭北倚阑干。

　　诗一写好，玄宗就迫不及待地接过去，命李龟年就着梨园弟子的伴奏，将李白的诗唱出来："云想衣裳花想容，春风拂槛露华浓……"李龟年的歌喉真好，把这首优美的诗诠释得浪漫至极。诗中把妃子比作美丽的牡丹花，比作绝俗的仙子。看到天边的云彩，就想到她飘飘的衣衫；看到园中的牡丹，就想到她绝俗的美貌，这样的人儿，简直不是凡间所能有的，该是在神仙聚会的群玉山，或是仙女居住的瑶台，才见得到的啊！汉朝受宠的妃子赵飞燕，尚且需要胭脂水粉妆点，然而美丽的妃子，却是国色天香，即使不化妆依然倾国倾城。美丽的牡丹和美艳的妃子相互衬托，无怪乎君王如此喜悦地欣赏、宠爱着她啊！

"好！学士才华不凡，既写出花的美，又写出人的美，更难得的是清新优雅，不带浓艳匠气。好诗！好诗！"玄宗一面听，一面赞美，妃子更是芳心大悦，脸上浮现两团红晕。玄宗见妃子非常喜欢这首作品，便命人取来心爱的玉笛，亲自吹笛伴奏。沉香亭畔，笛声轻亮悠扬，在曲调转换之处尤其婉转有致。李白四下张望，满园牡丹迎风招展，风中弥漫着脂粉香、檀香、花香，一片旖旎风光。妃子手执玻璃七宝杯，一面浅呷着葡萄酒，一面含笑接受李白诗歌的赞美。在悠扬的乐声中，李龟年唱完了三首诗，向玄宗深深行礼。玄宗放下玉笛，亲自为李白斟上满满一杯酒，半开玩笑地说："诗美则美矣，不过拿牡丹来比人，只怕人比花娇呢！"李白微笑称是，妃子在一旁娇羞一笑，敛起绣巾向玄宗下拜致谢。玄宗见妃子高兴，心中大乐，又命人回御书房取来几样自己心爱的精巧珍玩赐给李白。

沉香亭畔的荣宠，是李白宫中岁月的巅峰时刻。无论宫中还是民间，人们只要一提到李白，都对他的才华与境遇啧啧称奇。

"听说李白初到宫门时，皇帝亲身下车迎接，好像汉高后礼贤下士，亲自迎请贤人'商山四皓'一样！"

"听说皇上赐他在七宝床上吃饭，还亲手调羹汤给他吃！"

"听说沉香亭畔宴会上，李白奉旨作诗，虽然宿醉未醒，仍立刻写出。皇上喜欢得不得了，从此特别喜欢李白，其他学士都比不上！"

李白的才华并不仅限于诗歌创作。一天，李白正舒舒服服喝着酒时，一个小官匆匆忙忙来找李白："皇上召见！"李白很诧异，因为小官的脸色发青，像是受了很大的惊吓。他披上外袍匆匆前去，一路上看到许多愁眉苦脸的官员，李白惊奇地问："发生了什么事？"

小官苦着一张脸说："番国来朝，他们没带任何礼物，倒是带了一封国书给皇上。那国书上的字奇怪极了！歪七扭八，横不像横，竖不像竖，一撇一捺都没个样子。朝中也有人熟悉胡人文字的，都说从未见过这种文字。那个使者一脸得意，大伙儿可是灰头土脸，皇上觉得面子挂不住，大发脾气，还说三天之内如果没人解得出，就要所有在朝官员回家种田！"

李白匆匆步入大殿，玄宗眼睛一亮，招呼道："李学士来了！快来看看这封信！"

李白接过去，白纸上的奇怪文字映入他的眼帘，电光石火之间，童年在胡地的阅读记忆浮现在他的脑海中。他快速地浏览完那封奇怪的国书，信里的意思已了然于心。李白挺起胸膛，大声地将国书翻译成汉文，朗诵给玄宗听，大臣们在一旁大气都不敢喘一下。信念完后，只见使者脸上流露出不可思议的神情，玄宗又惊又喜："学士真是博学多闻！"于是又命令李白写回信。

李白突然顽皮起来，他早就看不惯太监高力士威风跋扈的丑样，决定趁机整一整他。

李白向玄宗深深行礼："微臣有个不成体统的愿望：求皇上准微臣宽衣。微臣舒适些，回信也会写得更流畅。"玄宗点头："准。"李白心里暗自高兴，他装出醉醺醺的样子，先脱下外袍，然后又用力扯靴子，嘴里念着："哎呀，看我醉成这副德性，连靴子都脱不下来！"然后抬头对玄宗说："皇上，微臣大概喝多了，连靴子都脱不下来，请高公公助臣一臂之力吧！"

此话一出口，大殿之上人人吃惊得张大嘴巴，高力士更是气得面孔扭曲。玄宗摆摆手："一切依你。"高力士难以置信地抬头望着玄宗，玄宗威严地命令："为学士脱靴。"

高力士一向是皇帝宠爱的亲信，几时受过这种侮辱，更何况李白是在满朝文武百官几百双眼睛的注视下让他出丑。他恨得牙痒痒的，但是又不敢违抗玄宗的意思，只好恶狠狠地瞪了李白一眼，咬咬牙蹲下身。李白笑嘻嘻地抬起脚："拜托你啦！"

脱下两只臭烘烘的靴子以后，李白满意极了。他提起毛笔，以同样的奇怪文字替玄宗写了回信，并以汉文写了一份副本，一并呈给玄宗批阅。

回信写得简洁流畅、正气凛然，内容大意是说，大唐向来是"人不犯我，我不犯人"，以仁爱包容天下万国，愿意与各国和平相处，并委婉告诫，唐朝实力雄厚，不会

姑息任何挑衅行为。

玄宗看了非常满意，心想：这下子我大唐可扬眉吐气了。他欣喜地看着李白好一会儿，转头笑着对使者说："回信已经写好，请把朕的信带给贵国国君。"使者由原先的趾高气扬变得尴尬不安，急急向玄宗行礼。番国国君看完回信大惊失色，他原先的用意是要重挫大唐的面子，谁知道大唐竟然有如此出色的人才。从此番国对大唐更添一层敬意，而李白在玄宗心目中更加不同凡响。

有一回玄宗与群臣宴乐，宣李白作诗助兴。谁知李白醉倒了，摇摇晃晃的让小太监搀进来。"学士又喝醉啦！"玄宗又好气又好笑地说："这可真是'天子诏来不上船，自称臣是酒中仙'。"

李白睁开惺忪的醉眼，他刚刚才从宁王的筵席上喝得醉醺醺的被叫回来，现在还没完全醒过来呢。

玄宗想考考李白，故意说："朕有事找你，你却醉成这样，该罚！现在命你马上作卜首诗来。作得好有赏，作不好朕可要重重罚你。"

李白不好意思地笑了，他想了一会儿，决定以自己最喜爱的七言古诗①为体裁，一下子就作出了好几首质朴古雅的诗歌。

玄宗边读边点头，抚着胡子哈哈大笑："作得好，作得好！该赏，该赏！不过，学士现在这么醉，朕可不能再赐你美酒啰！"

喝下醒酒汤的李白渐渐醒了，他陪着玄宗欣赏梨园弟子表演的《霓裳羽衣曲》。李白看玄宗满面春风，便取出怀中的文章打算献给玄宗，玄宗问他："这是什么？"

李白恭敬地说："昔日先王高祖有丞相魏徵，进《谏太宗十思疏》，今日虽然不敢以魏徵自许，但也有心直言国家弊端。"

玄宗愣了一下，心想翰林供奉本来就不是谏官，凭什么提出谏言。再说他正玩得高兴，酒酣耳热之际，根本不想听这些逆耳忠言。玄宗思考了一下，委婉地说："爱卿作为诗人，总要超凡脱俗才好。这些俗事有其他朝臣操心就可以了。"

_____

① 七言古诗是李白最擅长、成就最高的诗歌形式。由于七言古诗形式自由，没有音韵平仄及对仗的严格规定，因此便于表现丰富复杂的思想感情，在李白笔下尤其具有不凡的创造性与艺术价值。

旁边一个官员也笑着说："李翰林是神仙呢！怎么能管这些俗事呢？"李白有些失望，他默默地收起文章。

李白所在的翰林院是当时集中文学之士的一个政府机关，翰林供奉的职责是为皇帝草拟文诰、诏令之类的公文。宫中宴乐的时候，他们也随侍在旁，写作诗歌助兴。这和李白当初所期望的大事业有很大的出入，让李白非常失望。而真正做官以后，种种繁文缛节、案牍之事，更让喜欢自由的他觉得闷得难受。李白知道自己很不快乐。

寂寞独酌

李白的受宠令许多人看得眼红，李白的放浪不羁更令许多保守的官员不以为然，翰林院中认同李白的人屈指可数，李白开始听到同僚们有意无意的冷嘲热讽。

"王学士，你说李白这个人怎么样？"

"我说他不成样子嘛！整天醉醺醺，你看看，又醉倒在那里！真不知道皇上是怎么想的。"

"哼，他不过会写几首诗，就跟你我一样，还自以为多了不起，我看了就讨厌。"

"可不是嘛！还妄想要什么安社稷，说得跟真的一样，也不想想自己是什么身份，不过是个翰林供奉罢了，而且还不是正职呢。"①

"哈哈哈！安社稷？你看他醉成那样，像是能安社稷的人吗？"

"姑且不说他狂妄，他这个人实在不像样！不是我多事，我们当官，要有当官的样子。他这样四处胡闹真的太不像话了！"

李白深感痛苦。他一向不爱跟心胸狭窄的人计较，所有的流言蜚语都当作耳旁风，但是其中一句话击中他的要害："不过是个翰林供奉罢了！"进宫以后，有好几次李白想找玄宗讨论国家大事，可是玄宗都只叫他写诗。

流言也让玄宗日益疏远李白了，高力士对脱靴之辱怀恨在心，眼看李白日益失宠，便伺机借皇帝钟爱的妃子杨玉环之口说李白的坏话。

这一天，妃子正愉快地一边练习琵琶，一边低低唱着《清平调》，高力士乘机问："老奴常听娘娘唱这首《清平

① 李白当翰林供奉是玄宗的特许，不是正式任命的官员。

调》，娘娘很喜欢这首诗吧？"

"是啊，想当日沉香亭畔，皇上千万宠爱，命李白作词。你听，这'云想衣裳花想容'，把人写得多美！"妃子高兴地说着，红晕飞上了两颊。

高力士故意吞吞吐吐地说："娘娘这么高兴，老奴有句话就不知道该不该说了……"

"高公公想说什么？"妃子好奇地问。

"娘娘，这《清平调》您只知其一，不知其二。"高力士压低声音说，"李白明着夸您美丽，背地里却是在讥讽您呢！那第二章的最后一句，什么'可怜飞燕倚新妆'的，娘娘可知赵飞燕是什么人物？"①

妃子一听脸色大变。失宠是任何一个嫔妃心中最大的恐惧，这句诗不但犯了这个忌讳，而且还是以赵飞燕这样一个荒淫狠毒的后妃来比喻她。妃子的出身微贱，加上她本来是玄宗的儿媳，玄宗把她从儿子手中抢过来，因此她

---

① 赵飞燕原本是个歌伎，因美貌一度受汉成帝宠爱，立为皇后。由于她的出身不好，立后时太后曾加以阻挠。她十分善妒，曾杀害已经怀孕的其他妃子。她失宠之后，又传出私生活不检点的丑闻。成帝驾崩后，她自杀而死。被拿来和这样一个出身低贱、狠毒善妒、放浪不检、下场悲凉的对象比较，也难怪杨玉环会不舒服了。

对自己的身世非常敏感，听到高力士的话，她寒着脸把琵琶往地上重重一放。

高力士见妃子生气了，火上浇油地说："娘娘，李白拿赵飞燕来比您，是在笑话您、讥讽您啊！"高力士恼恨脱靴之辱，故意曲解诗句抹黑李白。

"好大胆的李白，竟然敢羞辱我！"妃子的一张俏脸气得通红。

"娘娘息怒。能怎么办呢？李白可是皇上心中的大红人啊！"高力士还在一旁说风凉话，妃子冷冷一笑，咬牙切齿地说："大红人？我倒要看看皇上更喜欢谁！"

从此以后，杨玉环便借着枕边细语破坏玄宗对李白的信任与宠爱。驸马张垍等忌妒李白的官员，一看李白地位动摇，便开始在玄宗面前落井下石地进谗言。

玄宗原本就只把李白看作写诗娱乐的侍臣，在众口铄金之下，对李白的态度也一天天冷淡下来。李白在朝中只剩贺知章等一干相知相契的好友，他们都爽朗热心，有正义感。在李白悲伤的时候，他们一起喝酒解闷，尤其是贺知章，他和李白是文学与道术上的友伴，对彼此都有很深的好感。天宝三年，八十六岁高龄的贺知章向玄宗请辞，返乡为道士。

贺知章一走，李白忽然觉得宫里寂寞得可怕。他每天都要喝很多的酒，来抵御那种荒凉空虚的感觉。园子里的牡丹开得灿烂艳丽，一如当初在沉香亭畔，李龟年咏唱《清平调》那天，那时李白到宫里才一年多，正是意气风发的时候。

李白叹了口气，就着温柔的月色，满满地斟满一杯酒，高举杯子："干杯吧！月亮。你照遍世间繁华热闹，也照遍世间萧瑟寂寥。你应该可以理解我的心情吧！"

一旁的侍僮惊讶地问："学士邀月亮一起喝酒呀？"

"是啊！"李白又斟了一杯，"可叹宫中虽人才济济，却多是争名逐利之辈，与他们共饮，只会坏我酒兴。不如邀明月共享美酒，还要邀我自己的影子，这样就有三个人了！干杯！"

处在冷冷清清的深宫院落，远离了相知相契的朋友，李白只能将明月当成友伴。李白和他的"同伴"喝干了一壶又一壶，酒入豪肠，李白诗兴大发，他高声念道：

花间一壶酒，独酌无相亲。

举杯邀明月，对影成三人。

月既不解饮，影徒随我身。

暂伴月将影，行乐须及春。

我歌月徘徊，我舞影零乱。

醒时同交欢，醉后各分散。

永结无情游，相期邈云汉。

在花间独自饮酒，没有相知的同伴，只能将明月、影子当成友伴了，只能及时行乐啊！无奈月亮、影子都不会喝酒，尽管此时暂且与它们相伴，终究还是必须独自一人面对现实的孤寂。只愿有朝一日能化作神仙，远离烦扰的人间，和月亮一起逍遥自在地在天空中漫游。

李白醉了，李白醉醺醺地唱起歌，李白踉踉跄跄地舞起剑。李白颓然靠在大石头上，闭上疲惫的双眼，睡着了。月光轻轻覆盖在李白身上，像是一件银色袍子。

天宝三年（744年）三月，李白向玄宗请辞，离开了他长久渴望，最终却惆怅失望的长安。

3. 诗酒对江山

酒逢知己

李白带着玄宗赏赐的一大笔钱，徜徉在山水温柔的怀抱中，任由风吹乱他的头发，尽情享受着自由不羁的生活。

此时的李白，尽管在政治上不得意，声名却更为响亮，人们一谈起李白，总忍不住要对他所受过的荣宠津津乐道。

"李白了不起！能让高力士为他脱靴子，可见他才气不凡，连高力士都得低头！"

"李白必定是神仙下凡，难怪锋芒万丈，连天子都要让他三分呢！普通人哪敢在皇帝面前醉酒啊？"

贩夫走卒们把李白的事当作传奇故事来讲，尤其喜欢谈他以一介平民的身份压过高力士的事迹；文人雅士则把李白看作榜样，尤其是一些默默无闻的读书人，常常拿自己的作品请李白指点一二，希望自己能沾染一些李白的才气。

离开长安之后，李白通过诗酒结识了许多朋友，也见了许多有心求教于他的人，本着提拔后进的想法，李白耐心地一一接待他们，也读了许多不同风格的诗作。然而，真正能令李白激赏的作品却很有限，有的作品只是词藻华丽，情感与思想内涵却不够充实动人；有的是生硬地模仿当代名诗人的作品，失去了诗的优美韵味；有的则是无病呻吟，矫揉造作，丝毫不见生动朴实、刚健有力的美感。①

这天，又有人来拜访李白，是个三十岁左右的书生，一身破旧的衣衫，清瘦的脸庞看起来疲倦至极，像是走了

---

① 李白对诗的喜好受陈子昂影响，主张诗要有充实的思想和刚健有力的风格。他以杰出的创作才能领导时代风气，一扫前代讲求雕琢、忽视思想内容的弊病，不但在当代树立典范，中唐的韩愈、孟郊、李贺，宋代的苏轼、陆游、辛弃疾，明清的高启、杨慎、龚自珍等著名诗人，都受到李白诗歌的巨大影响。

很远的路，又像长时间营养不良，可是一双眼睛真是明亮有神，洋溢着诚恳与温柔。李白摆开美酒和几样点心，邀书生坐下对饮。"请问尊姓大名？"李白问。书生欠欠身子说："在下杜甫，字子美。"说完便缓缓展开手中诗稿。这诗稿的字迹工工整整，一丝不苟，充分显现出作者认真严谨的个性。

岱宗夫如何？

齐鲁青未了。

造化钟神秀，

阴阳割昏晓。

荡胸生层云，

决眦入归鸟。

会当凌绝顶，

一览众山小。

李白一边读，一边啧啧称奇："好诗！好诗！尤其'齐鲁青未了'一句，以眺望所见的绿野平畴衬托泰山的高峻，区区五字就囊括泰山雄秀壮美的数千里风光。神妙之至！能写出如此佳句，必定是胸怀雄心壮志的才士啊！"

杜甫微笑作揖："才士二字不敢当，不怕您笑话，小弟当时在进士科考试落了榜，才想到齐鲁一带游历。"杜甫说完，深深叹了一口气，"当时望着那壮丽江山，不禁想着有朝一日，希望能辅佐国君，让皇上成为尧舜那样的贤君，让天下安乐太平！"

李白听了，心头微微一震，仿佛看到年轻时踌躇满志的自己。在某些方面，李白和杜甫是非常不一样的人：李白宛如神仙，他自由自在，狂放自适，不拘小节；杜甫则是属于人间的，他举止恭谨，要求自己应对进退都要合乎礼。不过，他们同样都拥有济世救民的理想，而且都写得一手精彩的诗。李白立刻邀请杜甫一同在梁宋一带游玩、凭吊古迹。

对这个时代的文人而言，梁宋一带是个特别的地方，许多怀才不遇的骚人墨客都喜欢到这里来游赏散心，借着寻访梁孝王与著名文士司马相如、枚乘、邹阳等相敬相知的历史遗迹①，疏解自己理想不能实现的苦闷与遗憾。李杜两人玩得十分尽兴，他们大口喝着甘醇芳香的美酒，还在孟诸一带骑马打猎。

冬天，李白暂别杜甫，再度来到紫极宫，决心成为道士。成为道士的仪式称为"受箓"，从少年时期就深深喜爱道术的李白，终于一偿夙愿。尽管李白是道士，杜甫是儒家信徒，但这一点都不影响杜甫对李白的仰慕。

李白从紫极宫归来后，两人又一块儿游山玩水，讨论诗文。李白看杜甫每次作诗，总是苦苦推敲、再三琢磨，忍不住说："作诗何必这么辛苦呢？自在一点不是很好？"杜甫好脾气地说："太白兄您才气比一般人高，信手写来都是好句。而我不是天才，所以只能多下苦功，才写得出好诗。"

李白摇头苦笑，半开玩笑地作了首诗："饭颗山头逢杜甫，顶戴笠子日卓午。借问别来太瘦生，总为从前作诗

---

① 西汉梁孝王刘武广交天下贤士。他修筑了吹台，与宾客们在吹台上共同吟诗作赋，一时文人才士云集。梁孝王与文士们吟诗作赋的雅事为后世津津乐道。

苦。"意思是：杜甫作诗太辛苦，弄得人都瘦了。

杜甫听了不禁莞尔："太白兄又在开我玩笑，我可是精心作了首诗给您呢！"说着念道："秋来相顾尚飘蓬，未就丹砂愧葛洪。痛饮狂歌空度日，飞扬跋扈为谁雄？"意思是：萧索秋日，你我二人都四处漂泊，报国壮志不得伸展；想归隐炼丹，却又炼不成。只能整日喝酒放歌，在人们面前作出潇洒的样子，有谁会懂我们呢——只有彼此，我懂你的狂傲，你懂我的寂寞。

李白默默听完，内心十分感动，举起酒杯对杜甫说："人生得一知己，夫复何求？干杯！"杜甫笑了，无论快乐悲伤，李白永远都离不开美酒啊！

快乐的时光似乎过得特别快，杜甫准备启程去长安，希望能遇到知能善任的朝臣，踏上仕途，李白则准备重游江东，他们不得不在鲁郡石门分别。

"这一分开，也不知道什么时候才能再见面。"杜甫难过地说。

李白拉住他的手，温和地说："别难过，想想那些快乐的回忆。记得我们一起游玩的时光吗？我们老是你拉

着我、我拉着你。有几个晚上，我们连睡觉都盖同一条被子。"

美好的回忆涌上杜甫心头："记得我去鲁郡拜访你，我们还一起去鲁城北方探望一位隐士，云朵堆积在古城上空，寒风中传来捣衣的声音，那时我们都动了出世隐居之情。"杜甫怀念地说。

"那次出游我们还迷路了，走到一大片苍耳菜丛里，我们的衣摆上钩满了长着小刺的果实，怎么清都清不掉。看到隐士的时候，他正摘了一大篓苍耳菜，说要煮给我们吃。"李白也陷入回忆。

"他还把他珍藏的霜梨切来招待我们，那天我们喝了好多酒。你还记不记得我们一块儿去龟蒙山那次，你说要介绍一位朋友给我认识？"杜甫愉快地回忆。

"当然记得，我们去那儿拜访元丹丘，三个人讲了一夜的话。"李白说。

"我们度过了十分快乐的时光，"杜甫高举酒杯，"敬你！"

"干杯！"李白也举起杯子。城门外杨柳依依，两人对着饯别酒筵，举杯互祝平安。

秋风轻轻吹动他们的衣摆，飘飘如天上的云彩。

游历四方

"砰——砰——砰！"门外传来沉重的叩门声。"我爹出门去啦！"伯禽一面喊，一面跑去应门。门一开，一个高大英挺的身影矗立在他眼前，眼中满是笑意："你爹回来啦！"

天宝九年，五十岁的李白由南方返家，他愉快地修道炼丹，读书写诗，陪伴许久不见的家人。

"最近读书有心得没有？"李白问。"四书都背熟了，现在正学作古文呢！"伯禽恭敬地说。一旁家仆也答道："少爷天天认真读书，说是怕辜负母亲的期望。"

"唉，只叹你娘去世得早，没能见你长这么大……"李白叹口气。伯禽想了想，问："爹，前个月有人送消息来，说是爹的好朋友去世了。我请人送信给您，您收到了吗？"

"收到了。可悲啊！李邕、裴敦复是我的知交，一生正直果敢，只因得罪李林甫，竟然被活活杖杀①，不得善终。可恶可恨的李林甫！"李白的眼里燃烧着愤怒的火焰，好一会儿才平静下来，转头询问伯禽："爹寄给你的诗，收到没有？可都用心读了？"

伯禽高兴地答道："读了。爹爹写的记游诗歌《梦游天姥吟留别》，用了许多的神话典故。想必天姥山是个极为美丽又充满神秘色彩的地方，所以爹才会这样写。"

这首《梦游天姥吟留别》是李白作为浪漫主义诗人的代表作。他在诗中以丰富的想象，将神话、传说与现实融为一体，鲜明地表达自己的思想感情。李白继承屈原和庄子所开发的浪漫主义传统，以他叛逆的思想、豪放的风格，反映了盛唐时代乐观向上的创造气象，以及不满黑暗现实的批判精神；扩大了浪漫主义的表现领域，丰富了浪漫主义的表现手法，缔造了浪漫主义诗歌的新

---

① 杖杀是古代刑罚之一，是用木棒、竹板把人活活打死，主要行刑对象是朝廷官员。当时的宰相李林甫为了保持自己的权势，一方面操纵科考，另一方面制造冤狱，迫害那些正直贤能的官员。

高峰。

"呵呵，天下名山胜水，可不只天姥山一处。"李白陷入回忆，"金陵凤凰台、洞庭湖月色、长安乐游园……"

故旧们知道李白返家，纷纷登门造访，李白的好友宗璟更是积极邀请李白到梁苑一游。宗璟家是世家大族，他的祖父宗楚客曾经当过三次宰相。宗璟热情地带李白游玩，又招待李白到他的宅第作客，为他接风。

宗楚客对李白印象非常好，不断谈起他有个未出阁的孙女，宗璟也在一旁敲边鼓："祖父说的是！姐姐清秀优雅，喜欢文章、喜欢习剑、喜欢神仙道术，最重要的是有副温柔善良的好心肠呢。"

"就是眼光高了点，还不肯嫁人，说是要照顾我。其实我有璟儿在旁边嘛，再说我身体好得很呢！"宗楚客一面说，一面意味深长地看了李白一眼。

几个月以后，宗家举行了隆重热闹的婚礼，乡里的人全都跑来看热闹：新娘的腰肢像杨柳一样纤细，满头的珠翠闪闪发光；新郎更是不得了，那个雄姿英发、神采飞扬的高大男子，正是闻名遐迩的大诗人李白啊！

李白在家里度过了一段美好的时光，直到冬天才北上幽州。

幽州是当时的军事重地，好武的李白对投笔从戎有一份莫名的憧憬，听说大将安禄山①在招兵买马，李白不禁起了一探究竟的好奇心。他在邯郸等地停留游憩，亲眼见到安禄山军队雄踞一方，斗志昂扬：放眼望去，只见滚滚黄沙中矗立着密密麻麻的军旗，军队正在积极地演练种种军事阵法，寒冷的北风中隐隐传来战马嘶鸣、兵器相击的声音，以及兵士们的吆喝声。李白看着，不禁跃跃欲试，想要贡献一己之力，驰骋沙场，为国争光。

李白住进旅店里。奇怪的是，旅店中竟有一种异样的悲伤气氛，完全不同于校练场上的热烈激昂。

李白问了几个人，才知道征讨南诏的战争输了，精锐的青年部队全军覆没。这场对南诏的争战，纯粹是好大喜

---

① 安禄山：他原本只是一名小将，由于骁勇机智，熟悉边地情况，又老奸巨猾，善于揣度人心，因此慢慢得势。有一次，玄宗指着他的大肚子开玩笑说："这里面是什么东西，怎么这么大？"安禄山回答："只有一颗忠于皇上的心。"玄宗听后非常高兴，从此对他就像对待自己的亲生儿子一样宠爱。

功的杨国忠^①为了增加个人声望，拿百姓的生命当筹码的死亡赌局。结果唐朝军队惨遭失败，不仅使成千上万的无辜士卒暴尸边境，给少数民族地区造成了灾难，还使田园荒芜，民不聊生。

"您听说了吗？征讨南诏的战争输了。"旅店里的一个商人低声问李白。

"我听说了。"李白皱起眉头，"很惨烈，杨国忠根本不该发动战争的。"

商人环顾左右才又低声说："我听说，南诏王本来要讲和的，但是我方主帅不肯，硬是要打……"商人忽然泛红了眼眶，"舍弟也死在这次战争中！他才十八岁，十八岁啊！什么都不懂，傻傻地出去，就再也回不来了……"

李白按住对方的肩膀，不知道该说什么好，很长一段时间两个人都沉默不语。那个青年本来可以不必死的，但

---

① 杨国忠：杨玉环的哥哥，本名杨钊，皇帝赐名"国忠"。原本是一名小军官，后来升至金吾卫兵曹参军。杨玉环得宠，杨国忠凭着他的外戚地位接任了宰相。他不学无术，品行不端，许多人看不起他。

是一个错误的决定，一场没有必要的战争，让他青春灿烂的生命成为一个玩笑。

"我本来想从军报国，想不到军旅生涯也不过如此。"李白叹息。商人苦笑："公子呵，这您就有所不知了……"商人四下张望，确定没有人偷听以后，一把拽住李白的衣袖，低声说："公子，我看您这人好心，又同情舍弟，才跟您说。前相李林甫一死，大权落到杨国忠手里，但是杨国忠和安禄山又互相对立……话又说回来，安禄山这人也令人害怕。听说，他最近在招兵买马①，而且规模不小。想想看，他一个节度使，却掌握北方大批精锐兵力！我总觉得害怕，到底什么事需要这么多军队？"

李白感觉到全身冰冷，心中有了成形的答案：安禄山这个人野心勃勃，意图谋反。李白连日来立功边关的理想，霎时粉碎。

"多谢您告诉我这些。"李白向商人道谢，"看来目前

---

① 安禄山招兵买马是由于那时候实行募兵制，军队必须以招募方式找到兵源。唐前期实施府兵制，属于义务兵制。贞观以后，府兵制渐衰败，募兵制取而代之。募兵制用招募形式召集执行临时任务的士兵，没有固定的兵员编制与服役期限，士兵素质也参差不齐。

不是从军的好时机，我还是打道回府吧。从军是为了报国，要是一不小心，遭奸人利用，反过来动摇大唐根基，那未免太可怕了。"

告别幽州以后，李白向南返回家乡。在扬州，李白遇到了正在苦苦寻找他的魏万。

"李学士，我终于找到您啦！"魏万高兴地说，接着又抱怨，"您走得好快呀！我从开封追到山东，又从江苏、浙江一路寻来，一直到这里才追上呢！"

魏万原本隐居在王屋山求仙学道，因为仰慕李白，不远千里地南下寻访。热情善良的魏万，和李白一样热爱文学。李白见到魏万，仿佛看见年轻时候的自己，他非常喜欢这个年轻人，两人结成忘年交，一起在广陵、秦淮等地游玩。

"真舍不得回王屋山！"玩得兴高采烈的魏万叹了口气。李白拍拍他的肩膀："记得庄子寓言中那两条遇到旱灾的鱼吗？"魏万点点头："那两条鱼在干涸的河床上挣扎求生，互相吐出水沫让彼此呼吸，尽管它们是如此相知相契，然而与其在干涸的河床受苦，不如各自到河海中求生。它们最后还是要分别，才能各自在长江与大湖悠然自得。"李白微笑道："人生不也如此吗？如果不放下对彼此的执着，又怎能获得逍遥与自由呢？"①

魏万要回去了，临行前，李白交给他一个细心包裹的包袱，包袱四四方方，沉甸甸的。李白诚恳地握住魏万的手说："这里面是我所有的稿子，零零散散的没个样子。交托给你，请为我编辑成书吧！"李白个性潇洒豪迈，虽然爱写诗，却没有耐性从事繁琐的整理工作，又不肯轻易将宝贝作品交托给不信任的人编辑，因此虽然平生所写的诗文众多，却一直没有花时间好好整理成册。魏万的热情与才华令李白深深激赏，他决定将这件重要的事情托付给魏万。

和魏万一样热烈崇拜李白的，还有一位名叫汪伦的文士。汪伦非常想见大诗人一面，知道李白旅行经过安徽，

---

① 庄子追求精神与行动上的绝对自由，李白喜欢读《庄子》，他的人生观受庄子影响很大，庄子思想给了他冲开一切束缚的胆识，以独特的气概追求逍遥自由。这样的思想与李白"平天下"的思想相激荡，因此李白诗文中一方面出现对功名富贵的鄙弃，一方面又出现建功立业的理想，然而这两股力量并不冲突，因为李白立志在建功之后功成身退，舍弃名位与财富，自在地遨游于天地之间。

特地邀请李白去自己的家乡泾县游玩。李白对世人们的崇拜并不十分放在心上，但是汪伦的信深深打动了他："李学士可喜欢春日里桃树落英缤纷的美丽景色？我们这里有方圆十里的桃花林。听说您爱诗爱酒，您可喜欢酒楼中各种珍酿美酒任君挑选的畅快？我们这里有万家酒楼。""一家酒楼至少一种酒，一天喝一家，一年都喝不完啊！"李白想到十里桃花开的盛景，再想到美酒的滋味，迫不及待地动身去拜访汪伦。

汪伦早等在江边了，他热情地拉着李白，李白兴致勃勃地问："你信上说的十里桃花呢？快带我去看吧！"

"当然当然！就在前面，过了小山坡就是我们村庄，十里桃花就在那儿！"

到了目的地一看，哪有什么桃花林，只有一个翠绿如玉的美丽水潭。李白东张西望，他问汪伦："这里没有桃花啊？"

"嗯，您眼前这个水潭，方圆十里，叫作'桃花潭'，我说十里桃花就是指这里。"汪伦一本正经地解释。

李白笑起来："这倒也是，是'十里桃花'没错！那么万家酒楼又在哪里呢？"

汪伦愉快地向前一指："就是那里！"

李白一看，哪有想象中万家酒旗飘扬的盛况？整个市镇只有一家酒馆，门上写着"万家酒楼"。

李白又好气又好笑地看了汪伦一眼，汪伦无辜地说："老板姓万，是叫'万家'没错啊……"李白哈哈大笑："好一个'万家酒楼'！我们就喝它个不醉不归！"

他们喝干了一壶又一壶酒。人们听说李白来了，就扶老携幼、争先恐后地来看大诗人，一个个排队敬酒，脸上都堆满真挚的笑容。汪伦尤其兴奋，因为他终于见到仰慕已久的大诗人了！

汪伦留李白住了几天。泾县清幽美丽，像仙境一样，李白天天喝酒赋诗，玩得很开心。临行，汪伦送了李白很多礼物，大家万分不舍地送李白到江边，还一再叮咛："一定要再来啊！"小舟渐渐驶离岸边，汪伦与村民踏步唱起优美的民谣为李白送行。李白很感动，霎时文思泉涌，三两下便作好一首诗，高声吟诵起来。诵读声传到岸上，传到汪伦耳中：

李白乘舟将欲行，

忽闻岸上踏歌声。

桃花潭水深千尺，

不及汪伦送我情。

"这首诗送给你！"李白扯着嗓子，向汪伦招招手。

汪伦感动得不知如何是好，他呆呆地站在岸边，直到李白的船消失在水天交界之处。

滚滚烽烟

当李白沉浸在桃花流水的世外桃源之际，桃源外的世界已经笼罩在恐怖的战争阴影之中。

"安禄山造反了！"

"安禄山的军队杀了好多人！"

"安禄山已经把洛阳打下来，听说好几个州已经落入他的手中！"

"下一个一定就是长安，我们该怎么办？"

这一年是天宝十四年，安禄山果真如李白所预料的那样造反了，他以讨伐"逆贼"杨国忠为理由，发动战争。①

"杨国忠是奸臣！我们要为国除害！"安禄山的军队高声叫着，攻陷一个又一个城池。

恐慌的气氛迅速蔓延开来，人们惊惶地争相奔走，交换消息。李白匆匆赶路，急着回家，一路上只见大批的难民流离失所。回到家，所幸家人都还平安，李白急忙带着家人逃到庐山避难。战火仍然继续蔓延，李白四处打听关于战争的种种消息，他挂虑着：长安不知保不保得住？皇上有没有危险？

李白担心的事情终于发生了，这天一出门就听到人们担忧地谈论着："潼关破了！长安失守了！""那皇上呢？"李白着急地问。

"皇上没事，军队已经保护他逃出长安。听人家说，军队到了马嵬坡以后，全军又饿又累，他们把一腔怨气出

---

① 安禄山假造玄宗的诏书，召集将士宣布："皇上密令，要我们立即进京讨伐杨国忠！"他率领十五万大军自范阳起兵，唐朝政府完全措手不及，勉强募集了六万人应战。短短一个月，洛阳沦陷。

在杨国忠身上，杀了杨国忠！军队杀死杨国忠之后，要求皇上赐死杨贵妃，贵妃一日不死，他们就一日不往前走。敌军紧追在后，哪容得一时半刻的拖延？皇上迫于大局，下令贵妃自缢！"

李白默默听完，不禁为皇上与贵妃的不幸遭遇感伤，又想起当年沉香亭畔的盛事，以及因触怒贵妃而失去皇帝宠爱的过往，内心有无限感慨。

这天，一位朋友来拜访李白，带给李白一封信："这是永王托我转交的，希望你能助他一臂之力，共同收复河山！"

李白展开信，原来玄宗为了增强朝廷兵力，命太子李亨任朔方、河东、河北、平卢节度使，命永王李璘任山南东道、岭南、黔中、江南西道节度使，招募数万军队，齐心讨伐安禄山。李白读完信，热血沸腾，于是告别了妻子儿女，赴永王幕府效命。

永王虽然有些刚愎自用，却不失为忠心耿直的将领，幕府中洋溢着救国杀贼的气氛。李白受到很大的鼓舞，他以辅佐东晋抵抗外侮的谢安自我期许，满心期待自己也能扫荡叛军。他在诗里写着："诸侯不救河南地，更喜贤王远道来""南风一扫胡尘净，吸入长安到日边"，他称赞永王是位"贤王"，期望能跟随永王，乘着南风的势力，一举反攻北方失土，诗句中洋溢着报国热诚。

此时太子李亨已经在灵武即位为肃宗①，在他眼里，永王积极招兵买马，有意图谋反之嫌。永王却不以为然，他对李白说："当初父皇急着离开长安，是曾经说过要让位给他，不过那只是口头说说而已，他居然自以为是地当起皇帝来！"

永王最后还是发兵丹阳，此次行动给了李亨出兵的机会，歼灭了永王的军队。永王兵败被杀，肃宗下令查办所有相关人员。

李白因为入过永王幕府，也被列入黑名单，关进不见天日的浔阳地牢。地牢很黑，大部分的空间都是昏暗的，

---

① 马嵬坡兵变后，玄宗仓皇逃向西南方的四川，李亨则逃向西北边的灵武。部分大臣发动和平政变，拥立李亨即位，并尊玄宗为太上皇。其实，肃宗即位几乎是自立为王，然而他声势壮大，最后玄宗只好让步。长安光复后，玄宗在宣政殿将传国玉玺授给李亨，才当面确认了李亨的皇帝身份。

暗得令人沮丧。地上湿乎乎的，有污水，有尿液，有犯人身上的浓血，臭味弥漫在牢房中。老鼠窜来窜去，伺机啃咬人的脚趾；臭虫和跳蚤躲在角落，只要被叮咬一口就全身麻痒。在昏天黑地的牢狱中，李白强忍着种种折磨，写信向朋友求救，并将自己对国家的忠诚，以及在永王幕府的前因后果写成一份自白书。御史中丞宋若思一向仰慕李白的才华学识，他仔细看过李白所写的自白书，发现李白其实是无辜的，便将他释放出来，网罗到自己的幕僚之中，李白便协助处理一些繁琐的文书事务。

这天，府中文书工作告一个段落，李白信步走到市集上散心。远远听到一段熟悉的乐曲，竟是李龟年为《清平调》谱的曲子！

"云想衣裳花想容……"李白边听歌边想，婉转悦耳的《清平调》至今仍然被传唱着，而当年曾经共享这首诗歌的三个人呢？国色天香的妃子已香消玉殒，风雅潇洒的皇上也被迫流亡，至于自己更是落魄江湖。

李白老了，斑白的头发取代了乌黑的青丝，无情的皱纹悄悄爬上曾经光洁饱满的额头。他如今只是个刚从牢狱中出来的老人，昔日的青春俊美已经消逝，只有那双眼睛，还可以看到那个活泼浪漫的美丽灵魂。

想起昔日宫中备受荣宠的岁月，与眼下失意憔悴的日子相比，人生变化真如沧海桑田。他不禁默念着自己心爱的作品："弃我去者昨日之日不可留，乱我心者今日之日多烦忧……抽刀断水水更流，举杯销愁愁更愁。人生在世不称意，明朝散发弄扁舟。"远去的美好时光啊，留也留不住；让人心烦意乱的今日啊，又令我烦恼忧愁……想用刀斩断愁绪，愁绪却如流水般斩也斩不断；想喝酒忘却愁绪，愁绪却越喝越深、越喝越重。人生，有太多的不如意，多想抛下一切，将自己远远放逐到海上，驾一叶扁舟，自由漂流。

李白仰头喝干壶里的酒，虽说"举杯销愁愁更愁"，然而此刻除了借酒暂时麻痹自己的伤痛之外，他又能怎么办呢？

长流夜郎

李白成为宋若思幕僚的事情，引爆了一场争论，一派

以宋若思为首，坚决主张李白清白无辜；一派则以肃宗为首，打算将与永王有关的人赶尽杀绝。

一个巴结肃宗的臣子义正辞严地说："李白跟随永王，这本来就是反叛，所幸天理昭彰，皇上万不可因太上皇曾经宠信他就网开一面。"

"李白并没有谋反之心，他会加入永王幕府是情势所迫！"一个支持李白的臣子辩驳。

宋若思拿出李白写的自白书："皇上，李白是情势所迫加入永王幕府，这份自白书可以作证！"

"哼，写自白书谁不会？他最会写文章了不是吗？"另一个讨厌李白的臣子跳出来，火上浇油地指着宋若思说，"倒是你，负责审理他的案子，却公私不分，先是释他出狱，又把他留在你的幕府之下。你到底是何居心？"

"你不要含血喷人！"宋若思气坏了，"我是把他留在幕府没错，但我是为了替朝廷荐举人才，可不像某些妒贤嫉才的小人，见不得别人好！"

"我妒贤嫉才？你才是勾结乱党！"

宋若思还想再劝谏，一旁一个高大英武的将军走上前，正是郭子仪①。"皇上，李白不是会谋反的人。"郭子仪字字充满力量。

肃宗眉头一皱，冷笑着说："你们都说他不会谋反，可是这种事谁能保证？"支持李白的官员们面面相觑，不知怎么回答。

郭子仪深深一揖："微臣敢保证！微臣愿意免官，换取李白不死！"

郭子仪的担保镇住了其他朝臣的怀疑。肃宗沉吟许久，心想李白的确构不成政治威胁，又感念郭子仪平定叛乱、护驾有功，摆摆手说："朕准你所奏。不过免罪是不可能的，改判流放夜郎②吧！"郭子仪连忙下拜谢恩，又赶着下朝将这个好消息传达给李白。

"李学士，好消息！皇上免除你的死罪了！"郭子仪对李白说。

① 郭子仪：唐朝名将，肃宗在灵武即位后，郭子仪到灵武辅佐肃宗，担任兵部尚书兼宰相，率领唐军收复大片失土。
② 夜郎是唐朝的一个县，在今天贵州桐梓县一带，和成语"夜郎自大"的夜郎国不同。历史上，夜郎常常被视为蛮荒偏远的流放之地，仅仅在唐朝三百余年间，被谪贬流放到夜郎的官员就有三四十人之多。

"皇上？"李白百感交集，他想起受玄宗宠爱以及被玄宗冷落的日子，加上这段日子以来肃宗对他的迁怒，不禁感叹："唉，人说伴君如伴虎，我到今天才明白！"说着对郭子仪深深一揖："多谢郭令公相救！"

"学士快快请起！"郭子仪忙扶起他，"李学士，您或许已经不记得了，多年前我犯了军法要被处死，幸好您刚巧经过，奔走相救。想当年我不过是个无名小卒，您却愿意向地方官员担保……"

李白听了，猛然想起尘封已久的往事。

当年李白意气风发，饮酒游玩，忽然见到一列士兵押着一个头发散乱的小卒经过。小卒的目光炯炯有神，英气逼人，深具识人之明的李白，看出这个小卒拥有不凡的才华气度。李白上前询问，发现小卒不过逞意气之勇一时犯了过错，并非大奸大恶之人。李白爱惜人才，于是四处奔走营救，最后小卒的罪终于由死刑改为发配边疆……

"李学士，死罪虽可免，却仍须放逐夜郎。在下虽以官职相担保，依然无法让您完全无罪啊！"郭子仪深深一叹，将李白从回忆中拉回现实。

李白感动地说："郭令公舍官相救，李某感激不尽！"

"李学士请放心，这一路上，我会安排故旧部属照顾您。您安心启程吧！"

乾元元年（758年），死里逃生的李白被流放夜郎。

李白出发了，以五十七岁的垂暮之年，迎着洞庭三峡的险恶风涛，踏上漫长的流放之路。夜里，他们就停泊在岸边。李白翻来覆去，辗转不能眠。

他想起楚国的诗人屈原，屈原不被君王了解，还被流放到遥远的地方，孤单地在汨罗江畔徘徊吟诗。李白觉得自己的遭遇和屈原当年被放逐江南、行吟泽畔的境遇十分相像，想到不可企及的"赦令"，李白心中痛苦极了。

船逆流而上，行驶到西陵峡中段，这一带险滩密布，怪石丛生，一个不小心就会翻船。再加上恶浪滔天，船夫努力了好久，他们还是被困在这个河段，动弹不得。

李白立在船头，遥望南岸的黄牛岩，凝视广阔的白色岩壁上黑色人影牵着黄牛的巨大天然图像。远处有人长声吟唱，仔细倾听，唱的是："朝发黄牛，暮宿黄牛，三朝三暮，黄牛如故。"李白听见了，好奇地问："那个人唱什么'黄牛''黄牛'的，到底是什么意思？"

船夫指着前方的岩石解释："他在唱三峡古谣，'黄牛'指的就是我们现在看到的黄牛岩。这首歌是说：这里水势险恶，寸步难行，船行了好久都还在这一带，黄牛岩老是在眼前。"

李白静静听着歌声，忽然想到：人为了生活四处奔忙，就好像黄牛被人们牵着鼻子、抽着鞭子役使一样痛苦；他又想到自己坎坷的仕途，就像这段水路一样险恶难行，更别说等在前面的旅程是如何的险恶难料。李白心中一阵感伤，连日来的辛酸在胸中淬炼成美丽的诗句，他仰天吟成一首《上三峡》。悲怆的长啸与三峡古谣的歌声相互应和，最后几句尤其悲壮感人："……三朝上黄牛，三暮行太迟。三朝又三暮，不觉鬓成丝。"悲伤的李白，似乎显得更加衰老了。

此时，远在天涯彼方，听闻李白被流放的杜甫，写下了真挚感伤的诗《梦李白》。诗中说："死别往往使人泣不成声，生离令人更加伤悲。江南山泽是瘴疠流行之处，被贬谪的人为何毫无消息？老朋友你忽然来到我梦里，因为

你知道我常记挂你。你如今陷入囹圄身不由己，哪有羽翼飞来这北国之地呢？梦中的你是鬼魂吗？"诗句婉转哀戚，后代读诗的人，无不为李杜二人真挚的友情动容。

河流好长好长，仿佛永远走不到尽头。尽管已经进入春季，夜里依然带着冬天的寒意，李白把好友托人送来的罗衣拿出来穿上。飘飘的衣袂在风中翻动，像是鹏鸟的翅膀，披着又轻又暖的罗衣，仿佛披着挚友重重的思念与牵挂，李白孤寂的内心也因此获得些许温暖与安慰。子规鸟在山间飞着，一阵阵凄楚的鸣叫声："不如归去、不如归去……"每一声都牵动着李白的思乡之情。船夫同情李白的遭遇，殷勤地陪他谈天解闷。

"先生！"船夫指着山崖，"我们身旁这个峡口，叫作明月峡，上面有依着岩壁敲凿的窄路，就是古栈道。"

李白轻轻叹气："古栈道！古代多少英雄豪杰曾经汇聚在这里，而今他们都死去了，古栈道却依然存在。人生苦短，人在天地之间，何其渺小！"

"您别叹气，听说今年关内大旱，为了祈福，皇上要大赦呢！"船夫安慰他，"老汉在渡口听人说，这些天来了好几位差爷，说是送朝廷公文，说不定就是特赦令呢！"

"我也听说皇上大赦，只是左等右等，都不见赦免书。想来永王一案非同小可，只怕皇上……"李白十分忧虑，"夜郎偏僻蛮荒，处处毒蛇猛兽，瘴疠横生，这一去，别说不知何时能遇赦归来，就连能不能保住性命都是问题。我身死不足惜，只可怜我那妻子儿女无人照料。"

月光下，江水泛着粼粼波光，李白望着江面的月影，轻轻念着自己从前作的诗："床前明月光，疑是地上霜。举头望明月，低头思故乡。"故乡的亲人，现在也正望着月亮吧！李白默默想着，一面静静地喝着闷酒，思念远方的亲人。

小船到了渝州一带。这天才吃过早饭，几个穿着官服的差使便来找李白，李白心头扑通扑通乱跳，只听见差使高声宣布："皇上有旨：赦免天下罪犯，凡是死罪的全改为流放，流放罪以下全部赦免。罪犯李白，本应流放夜郎，今则遇赦免刑！"

李白精神一振，高声欢呼："是真的吗？你说的是真的吗？"

"是真的！皇上大赦，你可以回去啦！"差使扬一扬肃宗发布的赦书。

李白激动极了，真是绝路逢生啊！他被赦免了！他自由了！李白开心地大笑，笑声惊起一群正在休息的子规鸟，"啪啦啪啦"鼓动翅膀的声音在山谷中回响着。

归途真是一段轻快而美丽的旅程！

一早，天才蒙蒙亮，李白就揉着惺忪的睡眼，在云雾弥漫中出发。湿润的云雾拂在脸上，凉爽的水汽让人一下子清醒过来。船行得飞快，一时激流飞舟，顺浪而下，围绕在彩色云霞间的白帝城，一下子被抛得好远。岸边猿猴的叫声不绝于耳，像是在苦苦挽留他们不要离开。一眨眼，小船已经穿过好几个山峡。李白迎着日光，纵声高吟：

朝辞白帝彩云间，

千里江陵一日还。

两岸猿声啼不住，

轻舟已过万重山。

风涨满李白的衣袖，李白的心也被欢喜涨得饱满。小舟轻快地绕过几个河湾，往东行去。

月下诗魂

遇赦归来后，李白带着劫后余生的欣喜，由江夏到豫章，与夫人团聚。

李白家居的日子非常快乐。不论李白说什么，夫人总是很快能懂他的心情。两人默契十足，似乎眼睛看的、心里想的都是同一件事，只要一个眼神交会就能明白彼此的情意。

"得妻如此，我这一生已十分满足！即使现在就死了，也瞑目了！"李白对妻子说。

夫人忧愁地说："夫君为什么说这些不吉利的话？"

"哈哈哈哈！人总逃不过一死，我年事已高，死亡在我看来不过像是游子归乡一样，有何可怕？"

安史之乱发展到后来，叛军内部起了内讧：安禄山被他的儿子安庆绪所杀，安庆绪又被史思明所杀，史思明又被他的儿子史朝义杀死。史朝义率领精锐骑兵包围宋州，东南方陷入危急。朝廷命令大将李光弼负责对抗史朝义，镇守临淮。

李白听说了这个消息，于是再度兴起立功报国的理想："从前，我想报效国家却苦无机会，这次我一定能尽一己之力，扫荡安史乱军的余孽！"

夫人一听十分担忧："从军？夫君年事已高，军旅生涯颠沛流离，恐怕您身体承受不起。"

李白不慌不忙地回答："姜太公为文王所用的时候，已经七十多岁，我还比他年轻十多岁呢！"

暮年从军，李白的雄心壮志不逊于其他兵士，他取出尘封已久的宝剑，往临淮出发。但是李白毕竟不年轻了，还没走到目的地，他就病倒了，不得不折返。

"只差一点，这一次真的只差一点……"病榻上的李白轻轻喟叹，夫人温柔地安慰他："等夫君身体养好了，下次再去也不迟啊！"李白戚然一笑："没有下一次了……"一滴泪水滑过他的脸颊。

上元二年（761年）秋天，李白到当涂投靠亲戚当涂县令李阳冰。李白的身体大不如前了，这几年困顿的生活

尤其令他憔悴，李阳冰为他整理了一间安静雅致的房间，让他静心养病。

这一天晚上，月光皎洁，李白忍不住披衣而起，走出房门。夜晚的空气特别冰凉，李白带着几个侍从走到一个美丽的湖边，登上小船，命船夫划到湖心。水面闪烁着银色的月光，天上一个月亮，水中也是一个月亮。李白望着水中的月亮，脸上浮现淘气的笑容："真好看！我来捉捉看！"啪啦一声，水花四溅，李白捧起湖水，水面的月影被打乱了，李白掌中则映着一只小小的月亮。

"哈哈哈！月亮啊月亮啊，想当年，我曾邀你共饮，你看过我在长安最辉煌的岁月，也看过我被留放夜郎穷困潦倒的样子。哪一次你不是高高在上，冷冷看着人间的繁华与衰败？这下子，可让我抓到你了吧？哈哈哈！"他一身白色的外袍随风舞动，飘然若一只美丽的大鹏。一旁的侍从先是看得呆了，好一会儿才反应过来，连忙向前拉住李白："老爷小心受凉！李阳冰大人要是怪罪下来，小的可担待不起！"李白醉倒了，侍从忙命船夫将船划回岸边，送李白回府。

"老爷不是小孩子了，怎么还玩捞月的游戏呢？跌到水里怎么办？"

"诗仙诗仙，真成了神仙，家人要悲伤成什么样子？"

侍从念念有词，李白听见了，呵呵一笑："你们都别吵。我的生命，我自己还不知道吗？告诉你们，这一回我可真要走啦！"

侍从吓了一跳，李白挥挥手说："听我作首诗吧。"接着高声吟诵："大鹏飞兮振八裔，中天摧兮力不济。馀风激兮万世，游扶桑兮挂左袂。后人得之传此，仲尼亡兮谁为出涕？"声音悲壮苍凉，侍从虽听不懂诗句的意义，也不禁一阵心酸，勉强打起精神问："老爷，这诗是在说什么啊？"

李白叹口气说道："大鹏就是我啊！我就是那想飞而飞不高、飞不远的大鹏鸟啊！"

这就是李白的遗作《临路歌》，诗中又一次以大鹏自比，这首诗是说：大鹏的飞翔震动天地宇宙，但是它终究还是力气不足、要陨落了，后世读到这首诗的人，谁能了解我的苦衷、为我悲伤呢？

宝应元年（762年）十一月，李白永远地沉睡了。

世人都说，李白不是死了，他本来就是天上的神仙，如今他只不过再度飞回天上，继续在天地间逍遥遨游。

李白小档案

701 年　出生。

727 年　与许圉师之女结婚。

730 年　告别妻儿，向终南山出发。

732 年　离开长安，与家人团聚。

742 年　受唐玄宗召见，后任翰林供奉，因十分受宠，而遭到小人中伤。

744 年　向玄宗请辞，离开长安。

755 年　安禄山以讨伐"逆贼"杨国忠为理由，发动战争，造成生灵涂炭。

758 年　被唐肃宗流放至夜郎，后又遇大赦。

761 年　到当涂投靠亲戚李阳冰。

762 年　去世。